PUBLICATION

DE

PARIS DRAMATIQUE

RECUEIL DE PIÈCES NOUVELLES,

JOUÉES SUR LES THÉATRES DE LA CAPITALE.

Théâtre du Temple.

Mirliton Mirlitaine,

Folie en 7 Tableaux.

Prix : 30 centimes.

PARIS.

L.-A. GALLET, LIBRAIRE-ÉDITEUR,

Boulevard du Temple, N. 86, et rue d'Angoulême, 12.

<table>
<tr><td>QUOY,</td><td>L. VERT, ÉDITEUR,</td></tr>
<tr><td>LIBR.</td><td>Rue Saint-Denis, 380.</td></tr>
<tr><td>2, Boulevart Saent-Martin.</td><td>Passage Lemoine.</td></tr>
</table>

1840

MIRLITON, MIRLITAINE,

Vaudeville-Férie-Parade,

I DE MM. HIPPOLITE-LOUIS ET ALBERT-HENRI,

En 27 Tableaux

(Moins 20 qui ont été supprimés pour l'agrément du public),

Imité de tout & ne ressemblant à rien.

Orné de Décors et de Costumes entièrement vieux,

Sablé d'Airs rococo, et entrelardé d'un concert étourdissant exécuté sur des mirlitons par huits soufflets de forge engagés pour cette pièce seulement.

REPRÉSENTÉ, POUR LA PREMIÈRE FOIS, A PARIS, SUR LE THÉATRE DU TEMPLE, LE 19 NOVEMBRE 1840.

PERSONNAGES.	ACTEURS.	PERSONNAGES.	ACTEURS.
Le Marquis D'OGNON, énorme homme.	MM. MARCELIN,	LA FÉE OCNETTE.	Mlle, Carolina
Le Chevalier de la PELURE, ordinaire homme.	FÉLIX.	UN SAVOYARD.	(Laponne.)
FLAGEOLET, jeune, frêle et mince homme.	VOIDEN.	UN GRAND GAMIN, taille de 3 pieds 1 pouce.	
LE GREFFIER, quadrupède à deux pieds.	MANGELAIRE.	UN PETIT GAMIN, taille de 5 pieds 4 pouces.	M. DARCOURT.
MIRLITAINE, nièce indigène du seigneur Mirliton.	Mlle. FÉLICITÉ.	UN AUBERGISTE, récalcitrant.	M. ALLEAUME.
		Paysans, promeneurs, habitants fantastiques du royaume de la fée.	

Le lieu de la scène est n'importe où, pourvu que ce soit à Pompone en Brie.

PREMIER TABLEAU.

Place de village; au fond des bandes de blés, à gauche une auberge, à droite une petite chaumière.

SCENE PREMIERE.

LE MARQUIS D'OGNON, LE VICOMTE DE LA PELURE, FLAGEOLET, MIRLITAINE, L'AUBERGISTE, PAYSANS ET PAYSANNES.

Au lever du rideau, Pelure est devant une petite table d'escamoteur, il est ainsi qu'Ognon en costume de banquiste, Flageolet est en paillasse et Mirlitaine en santeuse. Devant une table on voit étendu à terre un petit tapis sur lequel se trouvent des sabres, des épées, etc., Ognon tient la grosse caisse et les cymbales, Flageolet joue de la clarinette, et Mirlitaine donne du cor de chasse. Les paysans les entourent. La fin de l'ouverture doit s'enchaîner avec le morceau qu'ils exécutent au lever du rideau.

PELURE. Assez la musique!... habitants de cette contrée superbe, ce ne sont point des êtres ordinaires que nous avons pris la liberté d'importer chez vous. La modestie me fait un devoir de commencer par moi, Chevalier de la Pelure, qui ai daigné descendre sur cette place dans l'intérêt de l'humanité. Je suis docteur, jongleur, escamoteur, prestidigitateur, banquiste...

D'OGNON. Admirable profession...

PELURE. Essentiellement utile... notamment à ceux qui l'exercent. Je me propose donc, pour vous prouver mes talents, d'arracher toutes les dents qui voudront bien m'honorer da leur confiance, avec accompagnement de grosse caisse...

FLAGEOLET, *à part.* Et de gencives!

PELURE. Allez la musique!... (*Ils exécutent l'air : des Tartares.*)

PELURE. Assez... ce gros et gras homme que vous voyez là... saluez!. (*D'Ognon salue.*) Ce gros et gras homme, dis-je, est le Marquis d'Ognon qui a tiré des larmes de plusieurs yeux couronnés... (*D'Ognon salue.*) Loin d'être aussi bête qu'il en a l'air, c'est un des premiers gosiers de France et d'Alger.

L'AUBERGISTE. Monsieur est chanteur!

PELURE. Monsieur est avaleur!... il est tout prêt à engloutir sous vos nez la première chose venue, soit épée, bayonnette, sabre d'infanterie, jambon de Mayence, pâtés de foies gras et bonnets à poils... (*D'Ognon salue.*)

L'AUBERGISTE. Dévorer une bayonnette... ce doit être piquant!...

PELURE. Il en dévorera de la plus grosse espèce. Passons à cette troisième personne, le chef-d'œuvre que j'ai l'honneur de soumettre à vos regards est l'illustre Mirlitaine. (*Elle salue.*) Elle va vous donner une séance de tours...

FLAGEOLET, *criant.* En cheveux?.

D'OGNON, *lui allongeant un coup de pied dans le derrière.* Imbécille!

PELURE. Une séance de tours de souplesse et d'agilité, elle dansera le *Cancanchaut-Kat* sur un cent d'œufs frais sans se rendre coupable de la moindre omelette.

FLAGEOLET, *à part.* Quelle platine étourdissante!

PELURE. R'allez la musique! (*Ils exécutent l'air : Sachez, sachez que les tartares, etc.*)

L'AUBERGISTE, *criant à tue-tête.* Assez! assez!... (*La musique va plus fort.*) Assez donc!

L'AUBERGISTE, *passant au milieu en bousculan*

Flageolet. Savez-vous, charlatans, qu'il est temps que ça finisse? voici quinze jours que vous êtes dans ces parages, à preuve que vous me devez votre nourriture et votre logement, et depuis quinze jours vous nous promettez d'exécuter quelque chose et vous ne faites jamais rien?

PELURE. Est-ce ma faute si je ne trouve pas ici la moindre mâchoire à défricher?

D'OGNON. Est-ce ma faute si j'ai une douleur rhumatismale au laryn qui m'empêche d'avaler .... n'importe quoi...

L'AUBERGISTE. Il ne vous empêche pourtant pas d'engloutir les mets de ma cuisine, votre laryn!

MIRLITAINE. Et moi, est-ce ma faute si les sauts de carpe me paraissent trop décolletés pour une jeunesse de mon rang?...

PELURE. C'est vrai au fait, que répondrez-vous à cette innocente, gargotier immoral?

L'AUBERGISTE. A elle je ne répondrai rien; mais à vous je vous dirai.....

PELURE. En avant la musique!... (*On joue à tour de bras.*)

L'AUBERGISTE *et les Paysans se bouchant les oreilles.* Assez! assez!...

PELURE. Vous êtes attendri, peuple qui m'entourez! Eh! bien pour vous récompenser de cet éclat magnanime et généreux, l'illustre Mirlitaine ci-dessus mentionnée, propose de vous chanter une romance nouvelle...

MIRLITAINE. Oui... le rêve de Javotte!

D'OGNON. Avec variations en *ut* majeur sur la grosse caisse à pistons. (*Il donne l'accord.*)

L'AUBERGISTE *et les Paysans.* Non, non, non, non!

L'AUBERGISTE. Mes amis, allons trouver Monsieur le Maire, et si dans vingt-quatre heures ces misérables banquistes ne sont pas délogés après m'avoir payé s'entend... nous les rouerons de coups!...

TOUS. C'est ça! c'est ça!...

L'AUBERGISTE. *ramassant tous les ustensiles des banquistes.* Emparons-nous d'abord de ces pièces de conviction!

AIR: *Les voiles au vent!* (Méduse.)

L'AUBERGISTE ET LE CHOEUR.
Fuyez loin d'ici,　BIS
Craignez ma vengeance!
Pour vous pas d'indulgence!
Pas de merci!

PELURE, D'OGNON, FLAGEOLET, MIRLITAINE.
Fuyons loin d'ici　BIS.
Craignons leur vengeance,
Pour nous, point d'indulgence,
Point de merci,

(L'aubergiste rentre chez lui, le chœur s'éloigne de différents côtés.)

SCENE II.

PELURE, D'OGNON, MIRLITAINE, FLAGEOLET.

Tous, après s'être regardés d'un air ébahi. Eh! bien?

MIRLITAINE. Nous voilà gentils!

FLAGEOLET. Oui, nous voilà propres!

D'OGNON, *lui donnant un coup de pied.* Taisez-vous, Paltoquet...

PELURE. Je reçois déjà en perspective les coups de bâton de ces rustres... c'est qu'ils ont l'air d'être très solides les gaillards!...

D'OGNON. Et les échalats, aussi!

MIRLITAINE, *à Pelure.* C'est vous qui êtes cause de tout ça... pourquoi nous avoir mis dans cette position critique?

PELURE. Pourquoi? pourquoi?..... est-ce que je sais, moi?... c'est la faute du sort...

D'OGNON. Oui, c'est la faute du sort...

PELURE. Non, ce n'est pas la faute du sort; c'est

celle de mon cousin le Seigneur Mirliton, fabricant de pain d'épice de Reims à Paris, breveté de la foire de Saint-Cloud, et qui m'a mis à la porte sous prétexte que je mangeais son fonds en détail...

D'OGNON. Au fait il a raison; c'est la faute de mon beau-frère ce même Seigneur Mirlititon auquel moi, d'Ognon, j'étais attaché par des liens naturels et qui m'a chassé impitoyablement, prétendant que je lui empruntais toujours et que je ne lui rendais jamais.

MIRLITAINE. Et moi donc, moi sa nièce, n'a-t-il pas eu l'impudeur de me prier poliment de filer au plus vite, me soutenant qu'une demoiselle bien née, loin de fréquenter le Prado, la Chaumière et la grande Chartreuse, devait se sevrer toujours même du plus modeste cancan...

FLAGEOLET. Alors ne pouvant pas me séparer de vous malgré toutes les bontés de ce Mirliton, je vous accompagnai Mirlitaine. Pour vous suivre Flageolet emboucha la clarinette.

PELURE. C'est pourquoi, nous trouvant tous les quatre sur le pavé je vous ai dit: courons à la fortune!

D'OGNON. Nous t'avons répondu: courons à la fortune.....

FLAGEOLET, *achevant l'air.* U... ne!...

PELURE. Aussitôt j'ai pris le chemin le plus court.

FLAGEOLET. Le plus raboteux.

PELURE. Et nous voici en route pour...

D'OGNON. L'hôpital.

PELURE. Erreur; car est-il profession plus vaste et plus lucrative que celle du banquiste, que celle du saltimbanque. Dès que nous paraissons, ne voyons-nous pas soudain pleuvoir sur nous une grêle de sous.....

FLAGEOLET. De coups!...

D'OGNON, *lui donnant un coup de pied.* Silence, polisson!...

PELURE. La banque est le piédestal de la société, la banque est le pivot du commerce? n'ayons donc désormais qu'un seul but... celui d'arriver à la banque....

FLAGEOLET. De France!

D'OGNON, *secouant ses goussets.* Région inconnue!

AIR: *de Bruno le Fileur.*

Financiers,
Boursiers,
Caissiers,
Sorciers,
Vive la banque!
Conquérans,
Gérans,
Garans,
Parens
Petits ou grands,
Sans cet art
Fadard
Richesse, honneur, oui tout nous manque!
La banque, est, vraiment,
pour l'homem un fameux talisman,
Prenez,
Retournez
Artistes,
Modistes,
Dentistes.
Vous tombez d'accord
Que la banuque est un vrai puits d'or,
Enfin,
Jouant au fin,
Tant de banquiers se font banquistes;
Que, grâce aux boursiers,
Les banquistes seront binquiers.
REPRISE,
Financiers, etc.

D'OGNON. En attendant, j'éprouve le doux besoin de fumer.

FLAGEOLET, Moi, je n'ai pas besoin de tabac pour ça...

D'OGNON. Mirlitaine cours allumer ma bouffarde... je ne pense pas que cet hôtellier du diable me refuse du feu..

MIRLITAINE, *qui a pris la pipe.* J'y va tout de suite... vous mé la laisseez fumer un petit peu. pas vrai?...

D'OGNON. C'est bon, gourmande. (*Elle entre dans l'auberge.*)

SCENE III.

LES MÊMES, *excepté* MIRLITAINE, *puis* UN PETIT SAVOYARD.

D'OGNON, *à Pelure.* Si nous déjeunions? qu'en penses-tu chevalier?

PELURE. Adopté marquis, Flageolet sers nous le repas du matin...

FLAGEOLET. Il est appétissant votre repas du matin: du pain sec et des *oignons* crus...

D'OGNON. Il n'y a point gras!...

PELURE, *en remettant à Ognon son pain et son légume.* Nous voici donc réduits à manger tes semblables !...

D'OGNON, *mordant son pain qu'il ne peut broyer,* C'est dur !... c'est très dur même !

LE SAVOYARD, *encore au dehors.* A peau a pin ! peau à pin !...

PELURE. Quel est cet importun?...

FLAGEOLET. C'est un jeune ramona qui montre une marmotte.

PELURE. Fais lui faire antichambre... nous ne recevons pas encore...

LE SAVOYARD, *entrant.* V'là la marmotte envie, la pièche curieuse !...

D'OGNON. Comment... malgré nos ordres...

LE SAVOYARD. Un petit chou s'il vous pla, mon bon moncheu?.. un petit chou?

PELURE, *regardant l'Ognon.* Un petit chou?..

D'OGNON, *même jeu.* Un petit chou!...

PELURE. C'est une carotte.

D'OGNON. Quelle heure est-il, marmouset?

LE SAVOYARD. Dix j'heures mon bon mocheu!...

PELURE. Dix heures!... tu viens trop tard notre caisse n'est ouverte que de minuit à six heures du matin.

D'OGNON. Et encore il faut s'y prendre de bonne heure!

LE SAVOYARD. Oh! rien qu'un petit yard je vous jen prie... j'ai bien faim !...

FLAGEOLET, *à part.* Pauvre enfant ! il me fait de la peine !

LE SAVOYARD
AIR : *De l'aveugle de Bagnolet.*

Je chuis natif de la Chavoie
Et quoiqu' tout petiot galopin
Voilà qu'à Paris jon m'envoie,
En m'disant : « va gagua ton pain »
On m'a dit : « va gagua ton pain »
Cheux nous jamais on n'nous dorlotte,
Du matin au choir, moi je trotte,
Ah, donna, donna chans retard
Je vous ferai voir ma marmotte,
Ah, donna, donna chans retard
Au pauvre petiot Chavoyard,

D'OGNON, *le repoussant.* Eh! tu nous ennuies avec ta marmotte !

PELURE. C'est vrai... fais comme elle... dors?

LE SAVOYARD.
Même Air.

Du malheureux l'cri vous jobchède
Mais le bon Dieu vous punira,
(*Allant à Flageolet.*)
Mon bon mocheu v'nez jà mon aise,
Et le bon Dieu vous le rendra;
Oui le bon Dieu vous bénira!
Beu jeune j'ai perdu mon père;
Mon bercheau fut un lit d'misère,
Ah : donna, donna chaus retard
Au pauvre petion chavoyard

LE SAVOYARD *et* FLAGEOLET.
ENSEMBLE.

LE SAAOYARD.
Ah , donna, donna, etc.

FLAGEOLET,
Ah : donnons, donnons sans retard
Seul il soutient sa vieille mère,
Ah: donnons, donnons sans retard
A ce bon petit savoyard.

FLAGEOLET. Tiens mon ami, voilà tout ce que je possède un morceau de pain dur et un ognon, accepte les je t'en prie...

LE SAVOYARD. Oh! merchi, merchi mon bon mocheu?... le Chiel vous jen récompenchera! (*Il se sauve.*)

FLAGEOLET , *le regardant aller.* Pauvre petit! souffrir si jeune! (*Musique.*)

SCENE IV.

PELURE, D'OGNON, FLAGEOLET, MIRLITAINE.

MIRLITAINE, *sortant de l'auberge en fumant.* V'là la pipe, à l'Ognon.

D'OGNON. Farceuse!... tu as commencé à la culotter...

MIRLITAINE. Oui, mais c'est pas tout ça... figurez-vous que le fricoteur est toujours furieux contre nous... je viens de le voir occupé à tailler en genre de canne un énorme cotteret dont il prenait la mesure sur l'un de vos habits...

D'OGNON. Sur un de mes... mon dos frissonne désagréablement...

PELURE. Filons raide... il n'est que tems! (*Ils vont pour sortir — Roulement de tambour au dehors*)

TOUS. Qu'est-ce que c'est que ça?

SCENE V.

LES MÊMES. LE GREFFIER. L'AUBERGISTE. LE TAMBOUR DU VILLAGE. PAYSANS ET PAYSANNES

LE GREFFIER, *au tambour.* Silence !

AIR : *des Huguenots.*

Je fais, greffier de ce village
Lavoir à tous qu'on est d'accord
Pour clore, à Paris, le partage
D'un héritage
Dont le possesseur est mort.

TOUS. Un héritage !

D'OGNON. Et quel est-il ?

EE GREFFIER. Je n'en sais rien... je suis Greffier ! en conséquence je vous invite tous à me prêter vos oreilles.

PELURE, *à d'Ognon.* Voudrait-il nous les tirer ?

LE GREFFIER, *Après avoir tousse, craché, s'être mouché, avoir mis ses lunettes.* « Par suite, du décès « subit immédiat et instintané de leur oncle, cousin, « beau frère ou autre etc... sont invités à se rendre « à Paris dans le délai le plus bref, le plus prompt ou le plus court...

L'aubergiste prend une prise — Le Greffier s'arrête, lui ôte la tabatière des mains, prend une prise aussi, met la boîte dans sa poche, et s'apprête à continuer.

L'AUBERGISTE. Ah! ça dites donc rendez-moi donc ma tabatière ?

LE GREFFIER. Je suis Greffier...

TOUS. Continuons! continuons!

LE GREFFIER. « Ou le plus court... tous les ayant droit à la succession du seigneur Epaminondas-Pharsale-Androclès-Anacharsis Mirliton, marchand de jouets d'enfant et de pain d'épice.

MIRLITAINE. Mirliton, mon oncle!... je m'évanouies (*Elle tombe sans connaissance.*)

FLAGEOLET, *même jeu.* Mirliton... mon vieux maître!... je me trouve mal !...

D'OGNON, *même jeu.* Mirliton... mon beau frère !.. je défaille !...

PELURE, *même jeu.* Mirliton... mon cousin... je pavillonne !...

LE GREFFIER, *même jeu.* Mirliton!... Soutenez-moi... je chavire !...

Tous les vilagois sont occupés autour d'eux on les soutiennent l'Aubergiste ne sait ou donner de la tête et court de l'un à l'autre en leur frappant dans les mains.

L'AUBERGISTE. De l'eau... par grâce de l'eau !... apportez-moi des sceaux d'eau... des voies d'eau... des tonneaux d'eau... apportez-moi le château d'eau... c'est qu'ils ne reviennent pas... oh !.. s'il pouvait pleuvoir...

(Tous les cinq se relevant en même tems :)
Coucou... ah-. le voilà...

L'AUBERGISTE. Comment, vous ne vous trouvez plus mal ?

PELURE. Au contraire, nous nous trouvons très bien, oh ! Greffier. Greffier, vous êtes mon sauveur *(Il s'élance au cou du Greffier et l'étouffe dans ses bras.)*

LE GREFFIER, *le repoussant.* Je suis...

MIRLITAINE, *même jeu que Pelure.* Mon bon ange !

LE GREFFIER, *même jeu.* Je suis...

FLAGEOLET. *même jeu.* Mon homme gris !

LE GREFFIER, *même jeu.* Je suis...

D'OGNON, *même jeu en l'accablant de tout le poids de son corps.* Mon méphistophélès !

LE GREFFIER, *se dégageant à grand'peine.* Mais non, je suis... *(respirant.)* Je suis Greffier !

PELURE. Eh ! bien, Greffier, c'est nous qui sommes les héritiers de feu le seigneur Mirliton... *(Il se découvre, tous l'imitent.)*

PELURE, *donnant au Greffier une liasse de papiers.* Et voici nos papiers à preuve.

LE GREFFIER. Permettez que je vérifie l'identité ?

D'OGNON. Vérifiez, Greffier, vérifiez vite surtout...

MIRLITAINE. Nous sommes pressés !...

LE GREFFIER, *lisant.* Garde nationale de...

D'OGNON. C'est un billet de garde... passez !...

LE GREFFIER, *prenant un autre papier et lisant.* « Reconnaissance du mont...

PELURE, *l'interrompant.* Ça... c'est une lettre de ma tante qui m'a rendu de grands services et à laquelle je dois beaucoup de reconnaissances..... passez !...

LE GREFFIER, *prenant un autre papier.* Reconnaiss... encore !

D'OGNON. Passez !

LE GREFFIER, *même jeu.* Encore !

FLAGEOLET. Passez !

LE GREFFIER. Encore !

PELURE. Passez toujours... j'avais avec ma tante une correspondance très suivie...

LE GREFFIER. Ah ! j'y suis... *(Lisant.)* « Acte de naissance de Saltarellittetta Mirlitaine. »

MIRLITAINE, *brusquement.* Présente !

LE GREFFIER, *la regardant.* Vous me semblez parler sans mitaines, Mirlitaine !

LE GREFFIER, *prenant un autre papier, lisant.* Acte de naissance de Grassouillinski. marquis d'Ognon...

OGNON. Présent !...

LE GREFFIER, *le contemplant.* Cet Ognon est d'une belle venue ! *(Lisant après avoir pris un autre papier.)* Acte de naissance de Kokaskikoff, chevalier de la Pelure...

PELURE. Présent !

LE GREFFIER, *à Pelure.* Un mot... est-ce que vous êtes parent de M. le Marquis ? *(Montrant d'Ognon.)*

PELURE. Si je le suis... mais de très proche...

LE GREFFIER. Je comprends... vous êtes de la Pelure d'Ognon...

PELURE. Mon Dieu ! qu'il est bête !

LE GREFFIER. Je suis greffier... d'après cet examen scrupuleux, la vérité, la réalité, la moralité, la validité, l'authenticité de *vos indentités,* étant parfaitement constatées, je vous déclare entièrement libres de rester en ces parages ou de partir pour Paris ?

PELURE, OGNON, MIRLITAINE ET FLAGEOLET. A Paris ! à Paris !

OGNON. A Paris... c'est très bien ; mais par quelle voiture ?

PELURE. Celle de nos jambes.

FLAGEOLET. Merci !

MIRLITAINE. Une bonne idée ! Vous savez bien ce beau carosse qui est remisé par là-bas ? *(Elle indique la gauche du spectateur.)*

PELURE, OGNON, FLAGEOLET. Oui...

MIRLITAINE. Eh ! bien il est à louer... je cours l'arrêter...

L'OGNON, *montrant son gousset.* Mais là, niscaut...

PELURE. Beta... à l'œil !...

MIRLITAINE. J'y vole... je vous attends sur la route. *(Elle se sauve à toutes jambes.)*

D'OGNON, *à Flageolet.* Groom, prépare nos malles !

FLAGEOLET. Vos malles !. elles tiendraient dans un chausson de lisières !...

PELURE. Avec tes lisières, tu me fais l'effet de tomber en enfance. Bélitre !... allons, partons !...

L'AUBERGISTE, *les arrêtant.* Minute !... et qu'est-ce qui me paiera, moi ?

PELURE, *le prenant à part.* Je vous laisse en ôtage ce Flageolet... *(Il désigne Flageolet.)*

L'AUBERGISTE, *l'examinant.* Je n'aime pas l'air de votre Flageolet !...

PELURE. Qu'importe l'air ! c'est le ton qui fait la musique.... ce jeune homme est notre caissier et je l'ai chargé d'acquitter grassement notre dette...

L'AUBERGISTE. Vraiment !... ah ! je vous demande mille pardons de vous avoir... un peu...

PELURE. Il n'y a pas de quoi... *(Haut, à Flageolet.)* Petit, vous changerez un de nos billets...

D'OGNON, *vivement.* De banque...

PELURE, *à l'aubergiste.* A combien se monte votre note ?

L'AUBERGISTE. A treize francs 9 s. quatre deniers.

PELURE, *à Flageolet.* Vous paierez Monsieur z'en or.

L'AUBERGISTE. Z'en or !... comme il parle bien !... *(Saluant jusqu'à terre.)* Ah ! messeigneurs !...

D'OGNON, *le prenant à part et désignant Flageolet.* Surveillez-le de près ; car je le crois un peu chippeur.

L'AUBERGISTE. Soyez tranquille..... j'ai là mon cotteret... s'il bouge, je le soignerai...

PELURE, *au greffier.* Monsieur daignera-t-il accepter une place dans notre carosse ?...

LE GREFFIER. Comment donc... mais je suis...

PELURE. Flatté...

LE GREFFIER. Je suis greffier !...

FLAGEOLET, *à part.* Le greffier en est... bon ! je lui ferai porter la grosse caisse.

TOUS. En route ! en route !

AIR *de l'Entracte au Paradis.*

CHŒUR.

Vite allons,
Et volons,
Francs lurons,
Nous aurons
A Paris
Jeux et ris,
Gais loisirs,
Doux plaisirs.

(Pelure, d'Ognon, le Greffier, et une partie du chœur sortent par la gauche, l'autre partie par la droite.

SCENE VI.

L'AUBERGISTE, FLAGEOLET.

L'AUBERGISTE, *arrêtant Flageolet qui s'apprête à suivre les autres.* Un instant, mon bonhomme, un instant !

FLAGEOLET. Qu'est-ce que vous me voulez, vous ?

L'AUBERGISTE. Ton maître m'a dit que nous avions à régler ensemble un petit compte...

FLAGEOLET. Comment un comte... c'est un marquis !

L'AUBERGISTE. Ah ! tu fais le malin !... et le billet de banque?

FLAGEOLET. Quel billet de banque?

L'AUBERGISTE. Celui avec lequel on t'a donné l'ordre d'acquitter ma note.....

FLAGEOLET, *s'échappant.* C'est une banque.

L'AUBERGISTE, *l'arrêtant.* Une banque !... halte-là, mon gaillard, halte-là !... on t'a remis mon argent et tu ne veux pas me payer...

FLAGEOLET. Mais on ne m'a rien remis du tout !

L'AUBERGISTE. Ah ! tu nieras...

FLAGEOLET. Rat vous-même, dites donc !

L'AUBERGISTE. Pas de calembourgs !... ah ! tu nieras avoir reçu cette somme?

FLAGEOLET. Encore une fois, je n'ai rien reçu !

L'AUBERGISTE. Tu n'as rien reçu... eh ben ! tu vas recevoir quelque chose. (*Le tenant au collet.*) J'ai chez moi, un gourdin avec lequel je serais bien aise de te graisser les épaules...

FLAGEOLET, *se débattant.* Voulez-vous me lâcher? voulez-vous me lâcher?

L'AUBERGISTE, *l'entraînant vers sa maison afin d'y prendre son gourdin.* Jamais !

FLAGEOLET. Vous déchirez ma veste... voulez-vous me lâcher... ou je vous mords les mollets !...

L'AUBERGISTE, *qui a saisi son gourdin.* Non, non, non !

AIR *du Tourbillon.* (Musard.)

FLAGEOLET.
L'chez,
Sachez
Que je rage,
Cet outrage
Me rend
Tyran,
Ma fureur monte d'un cran,

L'AUBERGISTE.
Allez,
Tremblez,
Car je rage;
Cet outrage
Me rend, etc.

(Au moment où l'aubergiste s'apprête à frapper Flageolet, le gourdin s'envole, en même temps, un diablotin sort de terre, armé d'un gros bâton, poursuit à coups redoublés l'aubergiste qui fait le tour du théâtre en criant, rentre chez lui suivi du diablotin. Stupéfaction de Flageolet.

SCÈNE VII.

FLAGEOLET, *seul, s'avançant vers le public.* Ah ! ça, qu'est-ce que tout ça veut dire !... est-ce que j'ai le cauchemar?... voyons donc, voyons donc !... (*Il se mord un doigt.*) Aïe !... oh ! non, je n'ai pas le cauchemar !... ah ! mon Dieu ! j'y pense !... je suis peut-être sous la domination d'un bon génie?

UNE VOIX. Oui.

FLAGEOLET. On a dit : oui... qu'est-ce qui a dit : oui?

LA MÊME VOIX. Moi.

FLAGEOLET, *comme un homme qui se souvient.* Ah ! oui, vous... (*Après un temps.*) Connais pas... mais qui que vous soyez, génie invisible, auriez-vous un chemin de fer à me prêter pour me conduire à Paris au domicile de mon ancien maître, M. Mirliton?

LA VOIX. Non.

FLAGEOLET. Non... c'est égal, j' vous en remercie.

LA VOIX. Mais je puis transporter près de toi la maison de Mirliton...

FLAGEOLET. Oh ! par exemple, je suis curieux de voir ça !...

LA VOIX. Regarde !

(La petite chaumière de droite se transforme en une maison de belle apparence portant cette inscription : MIRLITON, Md de PAIN D'ÉPICE.

FLAGEOLET, *ébahi.* C'est que ça y est !... ça y est

très-bien !... v'là bien la façade... (*Ouvrant la porte.*) Et l'intérieur aussi... je n'en reviens pas !

AIR : *Vaudeville de l'Héritière.*
Vraiment un prestige me leurre;
Quand j'allais, prêt à tout braver,
Chercher au loin cette demeure,
C'est elle qui vient me trouver,
Elle vient, soudain, me trouver.
Lafitte et Gaillard, Touchard même
D'un pareil mode auront grand' peur,
Nous enfonçons, par ce système,
Les omnibus et la vapeur,
Oui, nous enfonçons la vapeur.

(*Regardant au fond.*) Et les autres qui ne font que de se mettre en route... quand moi je suis déjà arrivé !... ma foi, entrons !... à la garde du ciel !

(Il entre dans la maison qui reprend sa première forme. On voit au fond, s'avancer un riche carrosse avec cocher et piqueur. Dans l'intérieur se trouvent Pelure et d'Ognon, faute de place on a perché en singe le Greffier sur l'impériale. L'orchestre joue l'air : Bon voyage M. Dumolet. Quand la voiture est à peu près au milieu de la scène, le théâtre change et représente l'arrière boutique du Seigneur Mirliton; au fond à gauche une étagère chargée de jouets d'enfants et de pains d'épice, entr'autres un énorme bonhomme de pain d'épice debout contre l'étagère. Dessous l'étagère une grande boîte sur laquelle est écrit : PANTINS; également au fond à droite un secrétaire ou caisse avec cette inscription : CAISSE-ÉCONOMIES; porte au fond, à gauche une grande armoire.)

DEUXIÈME TABLEAU.

SCÈNE PREMIÈRE.

FLAGEOLET, *entrant par le fond avec précaution.* Me v'là dans l'arrière boutique... oh ! je la reconnais bien... c'est ici que tous les soirs le père Mirliton causait avec moi en me disant de lui ôter ses bottes... j'étais son tire-bottes... c'est là que je charmais, avec mon Flageolet, les oreilles délicates de Mirlitaine... (*avec un soupir.*) Oh ! Mirlitaine ! amour de créature... pétrie de grâce et de graisse ! de combien de couac tu fus la cause lorsque je te jouais l'air : « (*Il chante.*) Mire, mire, Mirlitaine, tes yeux dans mon œil-le. » Avec variations... tiens ! v'là une grande armoire que je ne connaissais pas... qu'est-ce qu'il peut y avoir là dedans? la clef est sur la porte... voyons voir...

(Il ouvre avec crainte la porte de l'armoire, dans laquelle Mirlitaine en riche costume est debout, comme une personne en état de somnambulisme.

FLAGEOLET, *frappé d'abord de l'éclat du costume seulement.* Oh ! la belle poupée !... elle doit être à ressort... (*La considérant attentivement.*) Ah ! mon Dieu ! est-ce que j'ai la berlue? mais non... c'est bien le nez de Mirlitaine... la bouche de Mirlitaine... l'œil de Mirlitaine... le tout de Mirlitaine. (*Appelant.*) Mirlitaine ! Mirlitaine ! Mirlitaine !...

SCÈNE II.

MIRLITAINE, FLAGEOLET.

MIRLITAINE, *bâillant en se frottant les yeux comme une personne qui s'éveille.* Hein? qui est-ce qui m'appelle?

FLAGEOLET. Elle a jaboté... plus de doute, c'est elle ! (*avec amour.*) Ma Taitaine.

MIRLITAINE, *même jeu.* Mon Lelet !

FLAGEOLET. Pauvre grosse chachatte, elle était dans une armoire... et elle ne sent pas le renfermé ! mais comment se pouvait-il que tu errasses dans ce meuble ?...

MIRLITAINE. Je me promenais...

FLAGEOLET. Dans l'armoire?

MIRLITAINE. Non, je me promenais dans la campagne en attendant l'arrivée du carosse, quand tout à coup je sentis comme malgré moi mes paupières s'apesantir... je m'endormis... tu sais le reste...

FLAGEOLET. Mais vois donc comme tu es belle?...

MIRLITAINE, *s'admirant.* En effet... je n'avais pas remarqué... oh! la jolie toilette!... est-ce que c'est toi qui m'a costumée comme ça?...

FLAGEOLET. Oh! non. je ne me serais pas permis... et les mœurs donc! grosse farceuse!.. c'est sans doute quelque bon génie qui a lu dans nos cœurs et qui veut protéger notre amour...

MIRLITAINE, *sautant.* Oh! quel bonheur!... ça fait que nous ne nous quitterons plus jamais du tout!..

FLAGEOLET. Moi... te quitter?... j'aimerais mieux me faire hacher menu menu... comme du fromage d'Italie!...

AIR: *Argentine, ma belle.* (Argentine 1er Acte.)

MIRLITAINE.
Je pense à toi sans cesse,
FLAGEOLET.
Te voir est mon ivresse,
MIRLITAINE.
Je rêve à toi la nuit,
FLAGEOLET.
Vers toi, mon cœur s'enfuit,
MIRLITAINE.
Avais-je quelque peine,
Ta voix me cajolait,
FLAGEOLET.
Seul, l'air de Mirlitaine
Séduit ton flageolet.
ENSEMBLE.
Ah, ah, ah, ah, ah,
Plus de tourmens,
Heureux amans
Plus de tourmens,
Plus de nuage
Et plus d'orage,
L'amour nous engage
A lever les yeux
Vers un ciel joyeux.

PELURE *et* L'OGNON, *au dehors.* Bravo! nous y voilà!

MIRLITAINE. Qu'est-ce que c'est que ça?

FLAGEOLET. Ce sont les autres qui arrive t .

MIRLITAINE. O mon Dieu!

FLAGEOLET. N'aie pas peur... de l'aplomb,...

SCENE III.

LES MÊMES, PELURE, D'OGNON, LE GREFFIER.

Pelure est en paletot gris blanc très juste, descendant à peine jusqu'à l'endroit où le dos change de nom; pantalon vert pomme très serré — Chapeau bolivard, perruque à grands cheveux d'un blond jaune, etc. — Voir les modes ridicules de Gérard Soutalard — d'Ognon est en gros anglais — le Greffier; même costume qu'au premier Tableau. — Ils entrent gravement en scène; puis tous les cinq s'avancent jusques vers la rampe sans mot dire — Se posent en chanteurs d'opéra et entonnent le cœur suivant.

AIR : *Amours acré de la Patrie.* (Muette.)
Amour sacré du pain d'épice
Soutient nos cœurs de Mirliton;
Crions, braillons cet air propice
Qui du plaisir donne le ton.

FLAGEOLET. Je suis content!

MIRLITAINE. Je suis charmée!

D'OGNON. Je suis heureux!

PELURE. Je suis ravi!

LE GREFFIER. Je suis moulu!... l'impériale de ce diable de carrosse était d'un dur!...

D'OGNON. Pourtant la voiture était suspendue!

LE GREFFIER. Hélas! j'étais comme la voiture.

PELURE. Que vois-je?... Mirlitaine et Flageolet en ces lieux! et avant nous... comment êtes vous venus.

FLAGEOLET. Par le chemin de fer!...

PELURE. Mais il n'y en a pas.

FLAGEOLET. C'est vrai; mais il y en aura... l'année prochaine...

D'OGNON, *voulant lui donner un coup de pied.* Robert Macaire!

FLAGEOLET, *lui enlevant la jambe.* Gros homme, arrêtez les frais de ce côté...

PELURE. Monsieur se fâche... passons au testament.

Greffier, asseyez-vous... *Flageolet apporte une chaise et une petite table à tiroir pour le Greffier, aussi chaque fois que le Greffier va s'asseoir.*

LE GREFFIER, *s'asseyant.* Oh!.. oh!.. oh! là, la... je suis...

D'OGNON. Greffier... c'est connu...

LE GREFFIER. Non... je suis moulu... *après avoir toussé, craché s'être mouché et avoir mis ses lunettes lisant* : Testamens d'Epaminondas. Pharsale, Androclès, Anarcharsis Mirliton... article premier.

AIR : *Complainte de Saint-Roch.*
« Moi, bon vivant, frappé d'une mort sûre,
PELURE.
Fut-il mordu par un chien enragé,
LE GREFFIER.
« Pour consoler mon cousin la Pelure
« Qui, j'en réponds, sera fort affligé »
(*Pelure éclate en sanglots.*)
LE GREFFIER.
« Oui, je lui laisse
« L'or de ma caisse ;
« Plus un magot,
« Son image et son lot.»

PELURE, *pleurant.* Ce pauvre oncle!... (*Désignant le meuble qui porte cette inscription* : *Économies.*) La voilà cette caisse qu'il me laisse! (*changeant de ton.*) Combien peut-il y avoir là dedans, Greffier.

LE GREFFIER. Je ne sais pas... je suis moulu!... article deux :

AIR : *L'autre jour la p'tite Isabelle.*
« Quoiqu'hélas! troublant ma prunelle,
« L'Ognon m'ait fait pleurer souvent,
« Je lui lègue un Polichinelle
« Dont il est le portrait vivant;
« Lui donnant, en outre, en partage,
« Vu qu'il est des plus dévorants,
« Cent mille francs,
« Bien nets. bien francs,
« Oui bien francs!
« Mais pourtant, il faut qu'il s'engage
« A m'obéir de point en point.
(*parlant doucement d'abord.*) Lui en joignand de remettre sur cette somme de cent mille frans — quatre vingt six mille francs à ma nièce Mirlitaine — trois mille francs au notaire — cinq mille francs aux hospices — deux mille francs au Greffier lui en joignant encore, quant aux cinq mille francs qui restent de les répartir entre le (*très vite.*) Boulanger, l'épicier, le boucher, le fruitier, le bottier, le traiteur, le fondeur, le blanchisseur, le tailleur, le ferrailleur, la lingère, la laitière, la bijoutière, la patissière. le marchand de vin. le retameur de cuillère d'étain. le marchand de peau de laptn...

D'OGNON, *achevant l'air.*
N'achevez point...
Avec un pareil héritage
J'ai bien peur pour mon embompoint.

LE GREFFIER. Total... tous fes frais déduits vous redevez à la succession la somme de quarante trois francs quatre vingt dix sept centimes.

D'OGNON, *à part.* Tâche que je vas te les payer, toi! (*Haut.*) J'y renonce à la succession...

PELURE, FLAGEOLET *et* MIRLITAINE, *riant.* Ah! ah! ah! ce pauvre l'Ognon!

LE GREFFIER. Article trois :

AIR : *C'est un Mirliton.*
« Je lègue, pour ses services
« A Flageolet qui. partout.
« Illustre mes pains d'épices
« Jusqu'à la foire St-Cloud,
« Un bijou qui pent, sans peine,
« Le proner dans ce canton.

TOUS. Quoi donc ?

LE GREFFIER, *tirant du tiroir de la petite table un vieux Mirliton.*
« C'est un mirliton, mirliton
« Mirlitaine,
« Un vieux mirliton
« Ton, ton. »
REPRISE ENSEMBLE.

Flageolet d'un air piteux ainsi que Mirlitaine, les autres en se moquant de lui. Le Greffier s'est levé ; Flageolet rentre dans la coulisse la table et la chaise.

PELURE. Allons, Greffier, vite la clef de cette caisse que je palpe mes millions !...

LE GREFFIER. La voici...

PELURE. Je suis cossu ! à moi les économies du cher cousin ! (*Il ouvre le coffre sur lequel on lit : Economies — Il ne s'y trouve que des bouts de chandelles.*)

PELURE. *terrifié.* Ciel ! ce ne sont que des économies de bouts de chandelles !... j'en vois trente six lampions !...

D'OGNON. Cette lumineuse épreuve m'éclaire !... (*On rit en se moquant de Lapelure.*)

LE GREFFIER, *se tenant les côtes après avoir ri.* Je suis moulu.

PELURE. Je suis fichu !... (*à part.*) Il ne me reste plus qu'à chauffer... les écus de Mirlitaine...

D'OGNON, *à part.* Ne perdons pas de vue les quatre vingt cinq mille francs de la petite... (*Haut.*) Greffier, mon ami, ainsi que je vous l'ai promis, nous allons visiter les curiosités de la capitale... j'espère que l'adorable Mirlitaine voudra bien prendre sa part des curiosités...

PELURE. *offrant son bras à Mirlitaine.* Et de mon brrs... n'est-ce pas, ma mignonne ?

MIRLITAINE. Avec plaisir, mes seigneurs... au revoir mon petit Flageolet...

FLAGEOLET, *avec sentiment prolongé.* Au revoir Mirlitaine !...

PELURE, *à part.* Ce vieux farceur de Mirliton doit avoir un trésor enfoui dans quelque coin.r. je vais revenir...

CHOEUR.

AIR : *du Domino Noir.*

Allons, en route
Coûte que coûte,
Et visitons ce beau Paris !
Ville charmante
Où tout enchante !
Des femmes c'est le Paradis !

SCENE IV.

FLAGEOLET, *seul.*

Me voilà bien avancé avec mon vieux mirliton... gredin de sort !... (*Il va pour jeter le mirliton à terre et s'arrête tout-à-coup.*) Qu'est-ce que j'allais faire ?.. un cadeau de mon bienfaiteur... non, non, gardons-le précieusement et tâchons par ses accords mélodieux de calmer la tristesse de mon âme... qu'avec plaisir je me rappelle l'air expressif et vrai avec lequel me berçait ma mère !... (*Il joue l'air du Carillon de Dunkerque. Un immense Mirliton sort de terre. L'orchestre joue l'air : Y a d'l'ognon, d'lognette.*) Tiens ! mon Mirliton qui fait des petits... quand je dis des petits... je pourrais bien dire des grands... (*Le Mirliton s'ouvre, la fée Ognette paraît.*)

SCENE V.

LA FÉE OGNETTE, FLAGEOLET.

FLAGEOLET. O mon dieu ! qu'est-ce que je vois-là ?

LA FÉE.

AIR : *La bonne aventure.*

En guise de Phaéton,
Légère et follette,
Moi, j'ai pris ce mirliton
La grande recette ;
Qui, par ses yeux fripons,
Vous séduire, j'en réponds,
C'est la Fée Ognette,
O gué !
C'est la Fée Ognette.

DEUXIÈME COUPLET.

Qui calme de l'indigent
La peine secrète ;
Lui verse, en l'encourageant,
Un peu de piquette ?
Au voyageur fatigué
Qui fait sourire un ciel gai,
C'est la Fée Ognette,
O gué,
C'est la Fée Ognette.

FLAGEOLET. Grande nabote de fée, je me plonge à vos immenses petits pieds...

OGNETTE. Relève-toi... je suis le pauvre savoyard que tu as secouru ce matin...

FLAGEOLET. Vous !... il faut que vous soyez joliment débarbouillée, alors !...

OGNETTE. Avant de t'accorder ma protection j'ai voulu t'éprouver... je suis contente de toi. Quant à La Pelure et à l'Ognon qui m'ont repoussée durement je leur en réserve de cruelles !...

FLAGEOLET. Oh ! ne leur faites pas trop de mal, je vous en prie !

OGNETTE. J'ai déjà commencé. C'est moi qui, pour l'Ognon, ai changé le clause du testament ; c'est moi qui pour la Pelure ai substitué des bouts de chandelles à l'or que contenait cette caisse ; enfin c'est moi qui t'ai sauvé des mains de l'aubergiste qui voulait t'accabler de coups !

FLAGEOLET. Savez-vous que vous êtes pyramidalement bonne, toute petite que vous êtes ? (*Ici Pelure paraît par le fond ; à la vue d'Ognette il reste d'abord stupéfait, puis se met à l'écart et écoute*).

OGNETTE. Le vieux mirliton que t'a légué ton bienfaiteur en mourant, dans tes mains vaut un trésor...

FLAGEOLET. Bah ! bah !... (*Mouvement de Pelure.*)

OGNETTE. C'est un talisman qui te procurera sur le champ tout ce que tu désireras...

FLAGEOLET. Vrai ? (*Baisant son mirliton.*) Trésor de mirliton, va, que j'ai bien fait de ne pas te casser ?

OGNETTE. Cependant, tu ne pourras épouser Mirlitaine que lorsque d'Ognon et De la Pelure auront consenti à cette union.

PELURE, *à part.* Prends garde de le perdre !...

OGNETTE. Maintenant, suis-moi ; je vais te conduire auprès de ta bien-aimée.

(*Ognette et Flageolet disparaissent par la grande armoire qui s'ouvre d'elle même ; puis se referme sur eux.*)

SCENE VI.

PELURE, *seul.*

Ah ! ce vieux mirliton est enchanté... je serais enchanté de le posséder... si je pouvais trouver un moyen adroit de lui le ravir... ce doit être facile... Il n'y a absolument que le moyen qui me manque... une autre idée ! ils se sont enfermés dans cette armoire tentons un coup d'éclat... (*Ouvrant l'armoire.*) Ah ! mes gaillards !...

Un grand monstre sort de l'armoire, se place devant Pelure qui se sauve à reculons en fesant le tour du théâtre. Le Monstre s'avante à pas comptés en marchant sur les pieds de Pelure qui crie en faisant des grimaces épouvantables. L'orchestre joue l'air des trembleurs.

Oh ! là là !... finissez donc !... grand tapageur... vous m'écrasez les orteils !... assez !... assez !.. vous me marchez sur le cor... du pied droit... aie !... j'ai reçu un coup dans mon œil... de perdrix !...

(Après avoir fait le tour du théâtre avec Pelure, le grand Monstre se retrouve près de l'armoire dans laquelle il rentre.)

Il est parti... bon voyage ! je suis sûr que le savoyard avait au moins dix livres de clous sous chaque semelle... Il a presque enlevé la peau de La Pelure. va nu pieds ! canaille !... tu es bien heureux d'avoir eu affaire à des pieds de mouton... pour la douceur. J'aime mieux m'en aller...

(Il va pour sortir par le fond, le soldat de pain d'épice qui est prés de l'étagère lui crie : qui vive ?

PELURE. Bourgeois gentilhomme ! (*A ce mot le soldat abaisse son fusil et lui tire un coup de feu.*) Voyons donc ! voyons donc... pas de ces farces-là... pain d'épice mal léché !

LE BONHOMME. Je ne t'en veux pas !

PELURE. Je le crois fichtre b.en que vous ne m'en voulez pas !... eh ! ben ! tenez. ni moi non plus.

AIR : *J'ai vu le Parnasse.*

En signe de paix, mon bonhomme
A l'instant donnez-moi la main ?

(*Il prend la main du bonhomme de pain d'épice dont le bras s'allonge.*)

Eh mais, mon Dieu, voyez donc comme
La voici qui fait du chemin,
Or, maintenant, pour lui je penche;
Car dans notre siècle félon,
Il est bon d'avoir dans sa manche
Un gaillard ayant le bras long,
Et Monsieur a le bras fort long.

(*A part.*) C'est égal, je lui revaudrai ça... en attendant, sauvons-nous par ici...

(Il va pour sortir par la gauche, un gros et et grand bras sort de la coulisse et lui donne sur la tête un énorme coup qui lui enfonce son chapeau sur les yeux.)

Aie !... c'est un renfoncement !... attends ! tu vas me payer ça, toi !...

(Tout en cherchant à retirer son chapeau qui lui couvre les yeux il a gagné à reculons la coulisse de droite, un gros et grand pied en sort et lui donne un coup dans le derrière.)

Touché !... aie !... (*Se débarrassant de son chapeau.*) A mon tour ! je vais vous rosser tous, les uns après les autres !... (*Au soldat de pain d'épice.*) Et je vais commencer par toi... mon bonhomme !... rien que de voir ce pain d'épice... j'en suis comme un croquet'...

Il va pour s'élancer sur le bonhomme, la boîte de pantins se développe et il en sort quatre petits pantins armés de soufflets qui jettent du feu, ils poursuivent La Pelure qui arpente le théâtre en criant et finit par se sauver par la droite, suivi des quatre petits pantins. L'orchestre joue l'air : On va lui percer le flanc, rantamplan tire lire. Le théâtre change et représente un coin du boulevart du temple, au fond à droite en demi face au public, une boutique de restaurateur avec cette inscription : RESTAURANT, puis plus bas : CABINETS PARTICULIERS; à droite une petite colonne vostrale, à gauche une autre colonne près de cette colonne plusieurs morceaux de granit et d'asphalte et entr'autres un qui doit être immense. Aux derniers plans à gauche, on voit le derrière d'un omnibus, aussitôt après le changement à vue, L'Ognon et Le Greffier descendent de l'omnibus qui disparoît.

TROISIÈME TABLEAU.

SCÈNE 1re.

D'OGNON. LE GREFFIER, *il est rempli de crotte, sa perruque et ses épaules sont couvertes de plâtre, il tient à la main ses lunettes brisées. En descendant de l'omnibus, son pied se prend dans le marchepied et il s'étale de tout son long.*

D'OGNON, *aidant le Greffier à se relever.* Eh bien ! Greffier, comment trouvez-vous notre capitale ?...

LE GREFFIER, *faisant une grimace en se frottant les genoux.* Je suis... je suis charmé !

AIR : *Gai, gai, mariez-vous.*

ENSEMBLE.

Gai, gai, vive Paris,
Capitale
Sans rivale
En ce lieu de houris
Il n'est point d'yeux sans souris,

LE GREFFIER.

L'un marche sur mes talons,
L'autre brise ma lunette;
Plus loin, il pleut sur ma tête
Une grêle de moellons,

REPRISE.

SCÈNE II.

LES MÊMES, PELURE. *accourant la perruque et les épaules mouillées.*

PELURE.

DEUXIÈME COUPLET.

Enfer, ô rage, ô souleur.
Sur mon chef, quelle bordée,
Il vient de choir une ondée. .
Sentez-vous bien mon malheur.

D'OGNON. Nous le sentons... nous le sentons... approche-toi plus loin !...

LE GREFFIER, *se reculant.* Je suis charmé !

REPRISE ENSEMBLE
Gai, gai, vive Paris.

(*D'Ognon et le Greffier rient en contemplant Pelure.*)

PELURE. *furieux.* Aurez-vous bientôt fini de vous moquer de moi. tas de pantins ! à bas les pantins ! mort aux pantins !... (*Il tombe à coups de pieds et de poings sur le Greffier et sur D'Ognon.*)

D'OGNON et LE GREFFIER. A l'assassin ! à la garde !

D'OGNON. *se tâtant.* Tu as fait de l'Ognon un miroton... ah ! ça, qu'est-ce que tu as donc, toi ?

PELURE. *exaspéré.* Ce que j'ai ? vous osez me demander ce que j'ai ?... (*Froidement.*) Je n'ai rien... (*Voyant le Greffier qui se tâte l'épaule.*) Est-ce que je vais ai fait mal, Greffier ?

LE GREFFIER. Au contraire... je suis charmé...

PELURE. A votre service.

D'OGNON. Mai , à propos, as-tu vu Mirlitaine ?

PELURE. Non ; mais j'aurais pu la voir...

D'OGNON. Elle est, sans doute, avec Flageolet...

PELURE. Flageolet !... qu'est-ce qui a prononcé ce nom discordant ?... apprenez que ce Flageolet n'est qu'un Mirliton... (*à part.*) Cachons-leur bien ma précieuse découverte...

D'OGNON. Flageolet est un mirliton... tu te trompes... il a un mirliton...

PELURE. Hein ?... qu'est-ce qui parle de mirlitou ? qu'est-ce que c'est que ça, un mirliton ? connais pas...

D'OGNON. Décidément il bas la breloque... il est fou !...

PELURE. Moi, je suis fou !... que voulez-vous que je fasse pour vous prouver le contraire ?.. faut-il vous danser un boléro sur trois pointes de paratonnerre ?... apportez-mien ! faut-il vous faire le grand écart sur deux ânes ?... approchez-vous...

LE GREFFIER. Je suis... je suis charmé... (*On entend Flageolet et Mirlitaine fredonner encore au loin : Et quand on a la paix du cœur. etc.*)

D'OGNON, *regardant dans la coulisse à droite.* Je ne me trompe pas... voici Flageolet !... il est avec Mirlitaine !

PELURE, *à part.* Oh ! la bonne occasion !... (*Haut.*) Vous sentez-vous le courage de me seconder dans une très périlleuse entreprise ?

D'OGNON et LE GREFFIER. Nous, nous le sentons...

D'OGNON. Pourvu cependant que nous ne courrions aucun danger... quelle est elle ?

PELURE. Ça ne vous regarde pas... écoutez bien : nous nous mettrons en embuscade ; nous laissons entrer librement Flageolet et Mirlitaine ; et quand ils sont bien en train de causer. nous...

D'OGNON et LE GREFFIER. Nous...

PELURE. Nous.. je ne vous dit que ça... soyez discrets surtout...

D'OGNON. Le moyen de ne pas l'être ?

PELURE. *indiquant au Greffier la colonne de gauche.* Greffier cachez-vous derrière cette colonnette... et nous, l'Ognon, derrière celle-ci... (*Il se retire avec l'Ognon derrière celle de droite.*)

SCÈNE III.

LES MÊMES *cachés*. MIRLITAINE, FLAGEOLET.

Pendant la ritournelle de l'air suivant ils entrent se promenant ; Mirlitaine a le bras tendrement appuyé sur celui de Flageolet.

AIR : *Un Jour.* (Paul Henrion.)

MIRLITAINE.
Toujours, je me rappelle
Ces jours...

FLAGEOLET.
Ces jours,
Que l'plaisir fit, ma belle,
Si courts,

MIRLITAINE.
Trop courts,
Quand j'faisais des bamboches,
Prenant l'fardeau ;
Tu r'cevais les taloches,

FLAGEOLET.
Et toi, l'gâteau.

Deuxième Couplet.

FLAGEOLET.
J'te guettais, sous l'ombrage,
D'un œil filou...

MIRLITAINE.
Je te criais dans l'feuillage,
Coucou !

FLAGEOLET.
Coucou !

MIRLITAINE.
De dormir, sous la treille,
Fesant
Semblant.

FLAGEOLET.
Afin que j'te réveille.
En t'embrassant.
(*Il l'embrasse.*)

PELURE, *au Greffier.* Attention !

MIRLITAINE *et* FLAGEOLET, *se retournant.* Qu'est-ce que c'est ?

FLAGEOLET, *apercevant la tête de Pelure qui fait des signes au Greffier.* Je te connais beau masque !.. à nous deux !

Il prend son mirliton et joue l'air : « Tu n'auras pas petit polisson — » Aussitôt la colonne où se trouvent Pelure et d'Ognon se change en une cabane de marionnette — Un gros polichinelle parait armé d'un bâton et leur livre bataille — L'orchestre joue l'air de la polichinelle — Quand à la colonne où est le greffier, elle se métamorphose en une chaudière à asphalte.

FLAGEOLET. Au revoir les amis !

MIRLITAINE. Amusez-vous bien ! *Ils sortent en riant en riant par le fond à gauche.*

SCÈNE IV.

LE GREFFIER, PELURE, D'OGNON.

PELURE, *sortant de la cabanne.* Le cuistre !

D'OGNON, *même jeu.* Le gredin !

(*La collonne reprend sa première forme.*)

LE GREFFIER, *sortant sa tête de la chaudière.* Le pendard !... au secours !., je suis...

PELURE. Charmé !

LE GREFFIER. Je suis cuit !

D'OGNON. Sauvez-en les morceaux !..

Pelure et d'Ognon aident à sortir de la chaudière le Greffier qui est tout couvert de bitume.

PELURE. Eh ! bien, comment vous trouvez-vous ?

LE GREFFIER. Je boirais bien quelque chose ?...

D'OGNON. De chaud !

LE GREFFIER. Merci ; je sors d'en prendre !...

L'OGNOF. Venez avec moi. je vous procurerai la chose (*Bas à Pelure.* Je vais baigner monsieur au canal...

(*Ils sortent en reprenant le chœur :*)
Gai, gai vive Paris ! etc.

SCÈNE V.

PELURE, *puis un grand gamin.* (*la fée Ognette, taille de trois pieds un pouce.*)

PELURE, *se promenant à grands pas.* Maintenant que je suis monté... qu'ils y viennent donc les pantins !... j'ai une fluxion de pantins... j'ai un cauchemar de polichinelles... je ne rêve plus que placés et bosse (*L'orchestre joue la fin de l'air : eh ! voilà les amis, le moutard de Paris.*)

(*Il heurte le grand gamin qui entre.*)

LE GRAND GAMIN. Faites donc attention, petit serin !

PELURE, *cherchant sans le voir.* Qui est-ce qui parle ?... (*Regardant dans le trou du souffleur.*) Qui est-ce qui souffle ? où ça est-il ?...

LE GRAND GAMIN, *lui pinçant le mollet.* Par ici...

PELURE, *se baissant.* Ah ! c'est là !... Qu'est-ce que vous voulez, très-jeune moutard ?

LE GRAND GAMIN. Te flanquer des calottes... et tu te baisseras pour les recevoir, encore...

PELURE. Moi, plus souvent... L'homme compatissant s'est baissé jusqu'à toi... tu le frappes ; il se relève...

LE GRAND GAMIN. Tâche !

PELURE, *essayant en vain de se relever.* Eh ben !... qu'est-ce que ça veut dire ? j'ai le dos scié... Voulez-vous bien me retirer ce que tu m'as mis sur le dos, tout de suite.

LE GRAND GAMIN, *lui donnant un soufflet. Voilà !*

PELURE, *se relevant.* Merci !

LE GRAND GAMIN. Maintenant, faigniant, j'éprouve le besoin de te démolir... numérote tes membres !

Air : *Traite des Noirs.*

Je suis très-fort sur la savatte !

PELURE.
A moi ! la garde !

LE GRAND GAMIN.
Mon bibi,
Tiens, voilà la garde à Loupy.

PELURE.
Grâce, au moins, pour mon omoplate !

LE GRAND GAMIN, *lui donnant un coup.*
Numéro z'un !

PELURE.
Je le reçois.

LE GRAND GAMIN, *lui donnant un deuxième coup.*
Numéro deux !

PELURE.
Je me déchaîne !

LE GRAND GAMIN, *lui donnant un coup de pied dans le derrière.*
Numéro trois !

PELURE, *se redressant.*
Gamin, rengaîne !
Respect à mon numéro trois !
De par la loi... gamin rengaîne !
Respect à mon numéro trois !...

LE GRAND GAMIN. Ah ! tu caponnes !... eh bien ! je vais appeler Lolo, mon petit frère, et nous te soignerons d'autor !

(*L'orchestre joue l'air : Fais dodo, Lolo, mon p'tit frère.*)

PELURE. Comment, d'autor ?

LE GRAND GAMIN, *appelant.* Ohé ! Lolo, mon petit frère !... arrive vite !...

UNE GROSSE VOIX, *au dehors.* Voilà !

LES MÊMES ; LOLO, *en petit gamin, taille de cinq pieds quatre pouces, et mangeant une tartine de pain et de confiture.* (*Voix de basse-taille.*)

Air *de Turenne.*

LOLO.
Moi, je veux t'aller à l'école.

PELURE, *à part.*
Grand Dieu ! quelles jambes il a !

LE GRAND GAMIN.
Au pion, Lolo, tu cont'ras une colle...
Ai l'-moi ; lutte à combattre...

LOLO.

Qui ça?

LE GRAND GAMIN.

Il faut réduire en miett's ce coco-la?

PELURE.

Comment, encor ?

LE GRAND GAMIN.

R'commençons la bataille.

LOLO.

Oui, rappelons l'affaire de Mazagran !

PELURE, *montrant Lolo.*

Ah ! devrait-on, lorsqu'on est aussi grand,
Avoir une voix de basse-taille ?
Dieu ! pour un grand quelle basse-taille !
Il est trop grand pour un' bass'-taille.

PELURE, *se refugiant derrière les morceaux d'as-*
phalte. Ne m'approchez pas, ou je vous lance à la
tête ce fragment de trottoir !

(Il prend le plus gros des blocs de bitume.)

LE GRAND GAMIN. Oui, si tu peux le soulever.

LOLO et **LE GRAND GAMIN,** *pourchassant Pelure.* A
bas les Bé... Bé...! à bas les douins, douins!... A bas
les Bédouins !... En avant, marchons !

LOLO, *au grand gamin.* Attends que je dépose ma
tartine ! *(Pendant qu'il la met à terre, Pelure fait à
grand'peine tomber sur lui le morceau d'aephalte.)*
Aye!...je n'en peux plus !... je m'écrase !... je m'a-
platis !

LE GRAND GAMIN, *se sauvant.* Sauve qui peut !

PELURE, *sautant a pieds joints sur l'aephalte.*
Tiens, gueux!... tiens, scélérat!... rentre en toi-
même !

SCENE VII.

LES MÊMES, D'OGNON, LE GREFFIER.

Air : *Il faut qu'on chérisse* (Postillon).

ENSEMBLE.
Pourquoi ce tapage?
Pourquoi ce courroux ?
Pourquoi cette rage,
Et pourquoi ces coups.

PELURE.
Un moutard m'allume,
Moi, d'un bras nerveux
J'ai sous ce bitume,
Couché le morveux.

REPRISE

D'OGNON. Il doit être fort mal à son aise là-dessous.

LE GREFFIER. Ça dépend... il y a des gens qui se
trouvent bien partout !...

D'OGNON. Mais il est assez puni... rends-le à ses
agréments !...

PELURE, Je cède à votre magnanimité !... aidez-
moi !

*(Chacun s'occupe à soulever la dalle, après de grands
efforts on y parvient; mais au lieu de Lolo on trouve
une monstrueuse galette avec cet écriteau: Galette du
Gymnase)*

TOUS. Galette du Gymnase !...

PELURE. Et elle est toute chaude...

D'OGNON. Ça m'étonne !... justement, voici un
traiteur !...

PELURE. Il y a des cabinets particuliers... c'est
notre affaire !...

D'OGNON. Greffier, je vais vous faire connaître
encore un des plaisirs de Paris... nous allons dévorer !.

LE GREFFIER. Je suis charme !

AIR : *Montagnes !*

CHOEUR.

Galettes !   bis.
En France, à présent c'est le goût !
Galettes,
Boulettes
Se font partout !

*(Ils entrent chez le traiteur, portant la galette en triom-
phe; La Pelure et d'Ognon sont devant, le Greffier la
soutient seul par derrière et en profite pour la grigno-
ter; a peine sont-ils entrés que Flageolet paraît.)*

FLAGEOLET. Ah! mes chers amis, vous avez faim.
Eh! bien, bon appétit !

*Il joue sur son mirliton l'air : A la foire a Saint-Cloud;
l'enseigne du restaurant change; au lieu de cabinets
particuliers, on lit cabinets inodores; aussitôt après ce
changement, La Pelure, d'Ognon et le Greffier sortent
en courant, en se tenant le nez et en criant: «De l'eau
de Cologne» et disparaissent par la gauche. Le théâtre
change et représente un salon chez Mirliton.*

QUATRIÈME TABLEAU.

SCENE PREMIERE.

MIRLITAINE, FLAGEOLET, *ils entrent par la porte
de droite en se querellant.*

MIRLITAINE. C'est une horreur! c'est une indi-
gnité !

FLAGEOLET. Je t'assure que je ne le peux pas!...

MIRLITAINE. Dites que vous ne voulez pas!...

FLAGEOLET. Mais...

MIRLITAINE. Il n'y a pas de mais!

FLAGEOLET. Si...

MIRLITAIRE. Il n'y a pas de si !

FLAGEOLET. Car...

MIRLITAINE, *frappant du pied.* Il n'y a pas de car!
quand on est sur le point de devenir mari et femme,
tout doit être en commun... donc, j'ai des droits à
cet instruments... et je tiens à mes droits !

FLAGEOLET. Encore une fois, je ne peux pas te le
confier !

MIRLITAINE. Et pourquoi, s'il vous plaît?

FLAGEOLET. Parce que... parce que je ne peux
pas...

MIRLITAINE. Très-bien, monsieur...je vois ce que
c'est... vous ne m'aimez plus, et vous cherchez tous
les moyens de me contrarier...

FLAGEOLET. Ah! si on peut dire...

MIRLITAINE. Eh bien! monsieur... pour vous dé-
barrasser, je vais m'en aller... en Amérique, en
Asie... au Gros-Caillou... n'importe où, pourvu que
ce soit bien loin !

FLAGEOLET, *suppliant.* Mirlitaine...

MIRLITAINE. Il n'y a pas de Mirlitaine qui tienne!

FLAGEOLET. Si je te disais...

MIRLITAINE. Je ne veux rien entendre!

FLAGEOLET. Si tu savais...

MIRLITAINE. Je ne veux rien savoir! Je veux ce
mirliton... il me faut ce mirliton, et je ne sors pas
de là !

FLAGEOLET, *à part.* Au fait, quand je le lui prête-
rais un petit peu... il n'y aurait pas grand mal, puis-
que la fée Ognette m'a assuré qu'entre les mains
d'un autre, ce talisman ferait obtenir tout le contraire de ce qn'on demanderait. *(Haut.)* Eh bien...

(Pelure paraît au fond, et écoute.)

MIRLITAINE. Eh bien ?

FLAGEOLET. Eh bien... je consens à te le confier ;
mais pour une heure seulement.

MIRLITAINE, *sautant de joie en prenant le mirliton.*
Oh! merci, merci, mon bon petit Flageolet !

PELURE, *à part.* Le cornichon lui confie son mirliton... je tiens mon occasion.

(Il dieparait par la gauche.)

MIRLITAINE, *le tapant sur les joues.* C'est qu'il est
gentil, mon petit Flageolet ! Il vous a une bonne grosse
frimousse qu'on tapotte à son aise.

FLAGEOLET, Assez. Mirlitaine, assez!... tu me
fanes... tu me flétris... tu m'effeuilles les joues !...
mais j'ai une affaire pressée... adieu bibiche!.. dans
une heure !

MIRLITAINE. Dans une heure !

(Flageolet sort par la gauche.)

SCENE II.

MIRLITAINE, seule.

Quel bonheur ! j'ai le mirliton... ce n'est pas que j'y tienne, au moins... mais il est si doux, pour une femme, d'avoir un amant toujours prêt à satisfaire ses moindres caprices, décidément, mon Flageolet fera un excellent mari !

AIR : *Que ces murs coquets.* (Ambassadrice.)

Le joli mari,
Qu'il sera chéri.
Déja, mon ennui
S'enfuit, grâce a lui ;
Le joli mari,
Qu'il sera chéri,
Pour moi, plus d'ennui,
Le joli mari
Je serai maîtresse ;
Quoiqu'époux, vraiment,
Je veux qu'il ne cesse
D'être mon amant :
Tendre et douce épreuve,
Oui, de son amour
J'attends une preuve,
Au moins, chaque jour,
Recette certaine,
Pour faire adorer
Le poids d'une chaîne,
C'est de la dorer.
Le joli mari, etc.

PELURE, *au dehors contrefaisant sa voix.* Qui veut *changir* des vieux mirlitonnes pour des neuves !...

MIRLITAINE, *qui a prêté l'oreille.* Qu'est-ce que j'entends là ?... on échange des vieux mirlitons contre des neufs.... celui de Flageolet ne vaut pas deux liards... il y a peut-être une bonne affaire à faire !.. (*Appelant par la porte à gauche.*) Ohé ! l'homme aux mirlitons... par ici !..

SCENE III.

MIRLITAINE, PELURE, *affublé d'une grande robe de rabin et d'un bonnet à poil, barbe grise épaisse et longue reporte une espèce d'éventaile sur lequel sont plusieurs mirlitons.*

PELURE, *à part.* Parlons-lui anglais, ça l'éblouira... (*Haut.*) Vous m'appélir ?

MIRLITAINE. Vous vendez des mirlitons ?

PELURE. Ya, ya... je *donnir...* des jeunes mirlitonnes pour des très agés... goddem, crombir !... est-ce que vous *afre* des vieilles mirlitonnes à *changir*, mis *matemocelle* ?

MIRLITAINE. Peut-être.

PELURE. En voici une fort belle... le pelure, il être en caoutchout... et le bois il être en or...

MIRLITAINE. Oh ! c'est magnifique !...

PELURE. Et pas *chir...* ya, yès, goddam crombir, fricambour, of, krok, mi, loc, bichoff tarteff... (*apart.*) Mon anglais l'éblouis !

MIRLITAINE. Mais quel intérêt avez-vous à faire de tels échanges ?

PELURE. C'est que le *miousique* des mirlitonnes bien vieilles il être plus juste que celle des mirlitonnes en bas âge !... vulez-vous changir celle que je voyais dans votre menotte...

MIRLITAINE. Dame !...

PELURE. Je vous donnais le mienne en or, pour...

MIRLITAINE. Oh ! j'accepte tout de suite !

PELURE, *échangeant les mirlitons.* Et moi idem choquo... vos floueros, enfonceros, par moi grandi blagnorès... goodam crombir. (*A part.*) Décidément, sur l'anglais.... je suis fort comme un turc...

MIRLITAINE. Voilà ce qu'on peut appeler une faire d'or... Dieu ! mon Flageolet va-t-il être content, courons vite à sa rencontre, afin de lui apprendre cette bonne nouvelle !...

Elle sort par la gauche en sautillant.

SCENE VI.

PELURE, *puis* L'OGNON, LE GREFFIER.

PELURE, *se débarrassant de son déguisement, et sautant en chantant :* La victoire est à nous ! ta, la, ta, la... en avant les farces !...

Une table toute servie sort de terre — Sur cette table un énorme pâté — Un seul verre et une seule bouteille — Des tabourets paraissent en même tems que la table.

PELURE, *se heurtant.* Tiens ! voilà le couvert mis... je comprends... c'est l'effet de mon mirliton. Eh ! arrivez donc les autres !.

(*L'Ognon paraît avec le Greffier.*)

AIR : *Gai, gai mon officier.*

Eh, gai. gai, gai, pauvre hibous,
Qu'écrase un sort atroce.
Eh, gai, gai. gai, fesons la noce,
Les heureux sont les fous..

PELURE.

Plus de mines ingrates
Rions, amis, allons ;
Dussent s'enfler nos rates
Ainsi que de ballons .

REPRISE

PELURE, *les amenant mystérieusement sur le devant de la scène.* Etes-vous discrets ?

D'OGNON. Je suis discret.

LE GREFFIER. Je suis... abruti.

PELURE. Vous n'êtes pas changé... « Depuis longtemps, je me suis aperçu... »

D'OGNON, *continuant l'air.* « De l'agrément qu'on a... »

PELURE. Au contraire ; du désagrément qu'on a de ne pas être possesseur d'un talisman... Or, j'en ai découvert un, qui va nous procurer une masse de douceurs.

LE GREFFIER. Et ce talisman, c'est...

PELURE, *montrant le mirliton.* Un mirliton !

D'OGNON. Celui de Flageolet !

PELURE. Juste. Allons, à table !

REPRISE DE L'ENSEMBLE.

Eh ! gai, gai, gai... pauvres hibous, etc.

(*Pelure occupe le milieu de la table ; D'Ognon est au bout de droite, le greffier à celui de gauche.*)

PELURE, *découpant le pâté.* Voyons... Etes-vous bien ?

D'OGNON. Parfaitement... seulement, les siéges sont trop haut...

PELURE. C'est facile à baisser.

(Il joue sur le mirliton l'air : « Du haut en bas. » Aussitôt, les siéges du greffier et de D'Ognon montent. Le greffier s'est emparé de la bouteille et D'Ognon du verre ; il s'efforce en vain d'allonger le bras pour que le greffier lui verse à boire ; le greffier boit à même la bouteille.)

PELURE, *qui ne s'est pas aperçu d'abord de l'ascension.* Vous offrirai-je un peu de... ah çà, où êtes-vous donc ?

D'OGNON, *avec colère.* Parbleu ! là-haut... tu nous envoies au diable !

PELURE. Eh bien ! restez-y !

(*Les siéges descendent.*)

D'OGNON. Ouf ! quelle ascension !

LE GREFFIER. Je suis... étourdi.

PELURE. Quant à ce pâté ; si j'ai un désir, c'est qu'il se trouve farci de choses toutes plus succulentes les unes que les autres... Piquez, greffier.

LE GREFFIER. Il faut que je sois piqueur ?

PELURE. Quel oison !... Au fait, je vais vous servir soi-même ; j'aime mieux ça... (*Fouillant dans le pâté*) A vous l'honneur, greffier... je tiens une mauviette...

LE GREFFIER, *à part en considérant son assiette.* Une botte !

PELURE, *même jeu.* A toi, D'Ognon... tu vas me dire des nouvelles de ce morceau-là...

D'OGNON, *même jeu que le greffier.* Une perruque !...

PELURE. A mon tour... au dernier les bons!.... (*Fouillant dans le pâté.*) Une alène de cordonnier!...

LE GREFFIER, *montrant son assiette.* Pour découper la botte.

PELURE, *fouillant de nouveau.* Et un rasoir!

D'OGNON, *montrant son assiette.* Pour faire passer la perruque.

LE GREFFIER. Je suis rassasié!

D'OGNON. Je suis stupéfié!

PELURE. Je suis tuméfié! Buvons un coup pour faire couler ça...

D'OGNON. Mais nous n'avons qu'un verre pour trois...

PELURE. Qu'importe! quand on a soif...

LE GREFFIER. Preu!

PELURE. Seu!

D'OGNON. Ber!

LE GREFFIER, *se versant.* Je commence... (*Il boit. Se versant de nouveau.*) Je recommence... (*Il boit plusieurs fois coup sur coup.*) Je rerecommence.

PELURE, *lui ôtant le verre et la bouteille.* Assez, greffier, assez... je ne veux pas que vous perdiez la raison.

LE GREFFIER, *se grisant.* Ça c'est du poison... parie deux sous que c'en est pas... de la poison...

D'OGNON. Eh! qui vous dit un mot...

LE GREFFIER, *se levant.* Marmot... qu'est-ce qui m'appele marmot... j'ai beau tourner... tu ne me le feras pas croquer... le marmot... (*Il veut marcher vers l'Ognon et trebuche.*)

PELURE, *se levant ainsi que l'Ognon.* Dieu me pardonne!... le voilà gris.

LE GREFFIER. C'est pas vrai... je suis pas gris... je suis... je suis pochard...

AIR : *fesons la Paix.*

Je suis pochard, bis.
Du cancan, risquant la figure,
Je vois sur un galop d'musard
L'ognon valser avec la P'lure,
Je suis pochard, bis.
Je suis po, po... je suis pochard,
J'ai bien envie de dormir.

D'OGNON. Eh! bien, allez vous coucher!...

LE GREFFIER. Je vas me coucher... (*s'accrochant à la table.*) Viens ici mon lit... (*aux autres.*) Arrêtez mon lit... il se sauve...

D'OGNON, *avec pitié.* Le malheureux!..s'il est dedans...

(*Le greffier, en voulant s'étendre sur la table, roule dans le trou du souffleur et disparaît.*)

PELURE. Non... il est dessous.

LE GREFFIER, *passant la tête par le trou.* L'Ognon prête moi ta pelure!

PELURE, *lui donnant un renfoncement.* Voilà!... bonne nuit.

SCENE V.

PELURE, D'OGNON.

D'OGNON, *reprenant sa place.* Décidément, je le ménerai prendre un bain dans le canal... ça lui mettra de l'eau dans son vin.

PELURE, *s'asseyant à la place du greffier.* Je suis sûr que le drôle a vidé la bouteille... (*Regardant.*) Non, elle est encore toute pleine... A nous deux, d'Ognon!

(*Il se verse et boit, sa figure devient blanche.*)

D'OGNON. A moi le nectar!

(*Il verse et boit, sa figure devient noire. Ils se regardent et éclatent de rire en même temps.*)

PELURE, *montrant d'Ognon, riant en se tenant les côtes.* Oh! la bonne tête d'arlequin!

D'OGNON, *même jeu.* Oh! la belle boule de Pierrot! j'en maigrirai à force de rire.

PELURE, *riant toujours.* Je ne te le souhaite pas, mon cher.

(*A peine a-t-il dit ces mots, que d'Ognon devient d'une maigreur extrême.*)

TOUS LES DEUX, *avec le plus grand sérieux.* Qu'est-ce que ça veut dire?

D'OGNON. Où est mon embonpoint? au voleur! au voleur! on m'a chippé ma graisse!

PELURE. AIR *de l'Artiste.*

Qu'as-tu fait de ta taille,
De ton corps gras et lourd,
Et qui d'une futaille
Défiait le contour?

D'OGNON.

Quelque fée inhumaine
M'a frappé d'un tel sort;
J'ai l'air d'une baleine
Changée en hareng saur.

Je parirais que c'est à ton maudit talisman que je dois ça... je voudrais qu'il fut à tous les diables, ton mirliton!

PELURE. Non pas, je veux le conserver jusqu'à mon dernier soupir.

(*Il tient le mirliton, qui s'envole. Coup de tam-tam. Le pâté éclate et jette du feu, puis la table disparaît et laisse voir la fée Ognette.—Nuit complète au théâtre.*)

SCENE VI.

LES MÊMES, OGNETTE.

OGNETTE. Par sa faiblesse, Flageolet s'est laissé ravir son précieux talisman, il en sera puni. Quant à vous, qui vouliez lui enlever Mirlitaine, je vais vous donner un échantillon du sort qui vous est réservé, si vous ne consentez à leur union. Et d'abord, jusqu'au moment où vous les retrouverez, vous serez possesseurs, toi, d'Ognon, d'un bâillement perpétuel; toi, Pelure, d'un éternuement prolongé, et toi, greffier, votre complice, d'une envie continuelle de danser.

PELURE, *éternuant.* Je vous... apschitt!...

D'OGNON, *bâillant.* Dieu te bé... é... é... nisse.

LE GREFFIER, *arrivant en dansant.* Aie!... aie!... les jarrets!...

OGNETTE. Voyez et tremblez!...

(*Elle étend sa baguette vers le fond, qui se lève. — Les personnages disparaissent.*)

CINQUIÈME TABLEAU.

Ombres Chinoises.

Ad libitum, pourvu que ce soit terminé par un concert de mirlitons, au son desquels des diables donnent les étrivières à Pelure, à d'Ognon et au greffier. Après les ombres chinoises, le fond se baisse. — Demi-jour au théâtre.

PELURE, *reparaissant.* Dieu, quel ta... tabl... apschitt!

D'OGNON, *même jeu, bâillant.* Epou... van... an... an... table!

LE GREFFIER, *même jeu, en dansant.* Je voudrais bien m'en aller...

PELURE. Cou... ourons après... apschitt!

D'OGNON, *bâillant.* Fla... e... geolet... et...

PELURE. Mir...

D'OGNON. Li...

LE GREFFIER. Taine... Je suis disloqué.

(*Ils sortent, Pelure en éternuant, d'Ognon en bâillant, le greffier en dansant.*)

SIXIÈME TABLEAU.

Le théâtre change et représente une forêt, petite cabane au fond, un rocher sur le côté. — Eclairs, tonnerre, la pluie tombe.

SCENE PREMIERE.

FLAGEOLET, MIRLITAINE.

Ils entrent en se tenant côte à côte, et s'ombrageant d'un vieux rifflard tout troué. Ils grelottent.

FLAGEOLET. Je suis trempé jusques aux os.

MIRLITAINE, *en costume très simple.* Et moi donc, j'ai l'air d'une lessive ambulante.

FLAGEOLET. Heureusement que nous avons un parapluie.

MIRLITAINE. Il est gentil, ton parapluie! on dirait une poêle à marrons.

FLAGEOLET. Et dire que depuis deux heures nous trottons...

MIRLITAINE. Nous nous crottons!

FLAGEOLET Ah! pourquoi faut-il que je t'aie confié mon talisman!

MIRLITAINE. C'est vrai, c'est ma faute.
(Eclairs, coup de tonnerre.)

MIRLITAINE, *qui a regardé au fond.* Mais, vois donc, Flageolet, une cabane là-bas... demandons-y l'hospitalité.

FLAGEOLET. Implorons-y un verre d'eau clarifiée.
(Ils frappent. — Musique. — La cabane se change en fontaine.)

FLAGEOLET. Que vois-je?... une fontaine!

MIRLITAINE. Celle des Innocents!

FLAGEOLET, *regardant Mirlitaine avec amour.* Elle nous convient.
(Ils puisent de l'eau à la fontaine dans le creux de leurs mains et boivent.)

SCÈNE II.

LES MÊMES, PELURE, *éternuant,* D'OGNON, *bâillant,* LE GREFFIER, *dansant.*

PELURE, *apercevant Mirlitaine.* Dieu, Mirlitaine!... apschitt!

D'OGNON, *même jeu et bâillant.* Ciel! Flageolet!

FLAGEOLET et **MIRLITAINE,** *les apercevant.* Nos barbares... filons vite!

PELURE, *barrant le passage à Mirlitaine.* Arrête!...
(Il éternue.)

D'OGNON, *même jeu à Flageolet.* Halte-là!.... (Il bâille.)

LE GREFFIER, *arrivant au milieu. Dansant.* Je voudrais bien m'en aller.
(Ordre des personnages pris de la gauche du spectateur: Pelure, Mirlitaine, le greffier, Flageolet, d'Ognon.)
ENSEMBLE.
AIR : *J'entends sonner minuit.* (Ouragan.)

PELURE et MIRLITAINE.
Laissez-nous tous les deux
Partir loin de ces lieux;
Ailleurs nous serons mieux,
Recevez nos adieux,
Nous voulons de ces lieux
Nous enfuir tous les deux.

LE GREFFIER, PELURE, D'OGNON.
A quoi bon tous les deux
Partir loin de ces lieux?
Ailleurs serez-vous mieu?
Reprenez vos adieux
Nous voulons en ces lieux
Vous garder tous les deux.

PELURE, *à Mirlitaine.*
Ecout'... mais, v'là le hic...
(Il éternue.)

LE GREFFIER, *dansant en faisant un flic. Pelure éternuant et d'Ognon bâillant.*
Flic !

D'OGNON, *à Flageolet.*
Ecout'... pauvre estomac!
(Il bâille.)

LE GREFFIER, *dansant un flac.*
Flac !

MIRLITAINE, *à Pelure.*
D'où vient qu' vot' nez fait cric ?

LE GREFFIER, *même jeu.*
Flic!

FLAGEOLET, *à d'Ognon.*
D'où vient qu' vot' bouch' fait crac ?

LE GREFFIER, *même jeu.*
Flac!

MIRLITAINE, *à Pelure.*
Ciel! auriez-vous un tic?

LE GREFFIER, *même jeu.*
Flic!

FLAGEOLET.
C'est assez de mic-mac.

LE GREFFIER, *même jeu.*
Flac!

FLAGEOLET, *donnant un soufflet à d'Ognon.*
Voilà pour vos bâill'ments!

LE GREFFIER, *même jeu.*
Flic!

MIRLITAINE, *donnant un soufflet à Pelure.*
Et vos éternuements!

LE GREFFIER. *En faisant ce dernier flac, il tombe et se relève aussitôt.*
Flac!
REPRISE DE L'ENSEMBLE.

PELURE. *Pendant la ritournelle, il tombe aux genoux de Mirlitaine.* Grosse Mirlitaine, je consens...
(Il éternue.)

D'OGNON, *même jeu pour Flageolet.* Mignon Flageolet, je consens... (Il bâille.)

FLAGEOLET et **MIRLITAINE.** A quoi?

PELURE et **D'OGNON.** A votre mariage.

LE GREFFIER. Et moi je vous bénis. (il danse.)
(Coup de tam-tam, musique.)

SCÈNE III.

LES MÊMES, LA FÉE OGNETTE.

Le rocher se transforme en un buisson de roses d'où sort Ognette.

OGNETTE. Marquis d'Ognon, chevalier de la Pelure, et vous, sublime greffier, que votre ensorcellement cesse à l'instant! (*Elle écrit les deux amants.*)

D'OGNON, *cessant de bâiller.* O bonheur! ma mâchoire reprend ses fonctions paisibles.

PELURE, *cessant d'éternuer.* Mon nez rentre dans ses habitudes.

LE GREFFIER, *cessant de danser.* Mais jambes reviennent... je voudrais bien m'en aller.

OGNETTE. Tout à l'heure... je veux auparavant vous faire faire un petit voyage dans mes états.
(Elle étend sa baguette, le théâtre change et représente le royaume de la fée Ognette. La fontaine qui est au fond se transforme en un temple de mirlitons.)

SEPTIÈME TABLEAU,

SCÈNE DERNIÈRE.

LES MÊMES, HABITANTS FANTASTIQUES DU ROYAUME DE LA FÉE OGNETTE.
CHŒUR.
AIR : *Cœur, mon père.*
Chantons à perdre haleine,
Flageolet, Mirlitaine.
Surtout, en plus d'un ton,
Chantons le mirliton.

OGNETTE, *au public.*
AIR . *Vaudeville de Fanchon.*
Du joyeux vaudeville,
Agitant par la ville
Le tambourin
De Tabarin,
Quand nous suivons la trace,
Ne souffrez pas, en ce canton,
Que le sifflet efface
Le son du mirliton;
REPRISE DU CHŒUR,
Avec accompagnement de mirlitons.

Fin de *Mirliton Mirlitaine.*

Imprimerie de Pollet et comp., rue Saint-Denis, 380.